気軽に読める、5分間法話

何のために法事をするのか

中川專精

法藏館

目次

あしたはもっと楽しくなるよね

あしたはもっと楽しくなるよね

あるアニメに、ハムスターを飼っている小学生の女の子が出てきました。その子は毎日日記を付けています。日記を書き終わったあと、その子はハムスターに、「きょうはとっても楽しかったね。あしたはもっと楽しくなるよね」と語りかけていました。

そのことばを聞いたときに、はたしてほんとうに「あしたはもっと楽しくなるよね」と言い切れるのだろうかという疑問を感じました。

たしかに「あしたはもっと楽しくなるよね」という確証はありません。

きょうが楽しかったのか、あしたが楽しくなるのかは、それぞれ人によって感じ方は違うと思います。たとえば仏教では人生は苦であると教えています。そのことから言えば、人生が楽しいとは言えないのでしょう。

人生が苦なのか楽なのかは別にして、人生においては、まったく同じことが二度起こることはありません。

なぜなら、すべてのことは、条件の寄り集まりで起こりますが、すべての条件がまったく同じということはあり得ないからです。

ましてやそれを経験するのは人間ですから、たとえ同じようなことが起こったとしても、二度目なり、三度目なりの経験になります。一度目に経験したときよりも、その人自身が変化していることは明らかなことです。

そういう意味では、すべてのことはその人にとってははじめての経験なのです。たとえそれが顔を洗うことであっても、食事をすることであっても。

法話を聞いていると、「マンゴウノハツゴト」ということばを聞くことがあります。辞書を引いてみたのですが、出てきませんでした。たぶん「万劫の初事」と書くのでしょう。

「万劫」とは長い長い時間のことです。劫というのは、サンスクリット語で「カルパ」といいますが、人間にとっては永遠といってもいいほど長い時間のことです。それが万倍ですから、想像を絶する長い時間のことです。

「初事」とは、はじめてのことという意味です。

「万劫の初事」というのは、これは私の解釈ですから、あるいはまちがっているかもしれませんが、人間が想像できないくらい長い時間の中で起こることは、すべてはじめてのことだという意味でしょう。

私たちは、はじめてのことには多かれ少なかれ不安と期待を持ちます。わくわくしながら眠れない夜を過ごしたことも幾度となくあったはずです。

ところが年を取ってくると、たくさんの経験を積んできたことで、だいたい想像できるからでしょうか、わくわくすることも少なくなってきます。

わくわくするどころか、特に小心者の私は、さきのことを、ああでもない、こうでもないと、いましなくてもいい心配をすることが多くあります。ある先生が、「さきの心配をいまするこ とはない。そのときに心配すればいいのだ」とおっしゃっていました が、なかなかそうはいきません。

冒頭のアニメの女の子のことばを聞いて、昔すべてのことにわくわくしていた私がいたことを思い出し、そしていまは何が起こってもわくわくしない私がいることに、あらためて気づきました。

「万劫の初事」。きょうまでの私とは違う私のあしたは、どんなわくわくすることが起こるのでしょうか。

クチナシは婚期を遅らすのか

先日本屋さんへ行きました。論理に関する本や数学に関する本を特に集めたコーナーがありました。気がついたら、数冊の本を買っていました。

その中の一冊、『論理力を鍛えるトレーニングブック』（かんき出版）という本に、

ある種のクラゲは、寿命が来て老化すると自ら縮み出し、動きを止めて岩に張り付いて、ポリプと呼ばれる幼生に変わる。一定の時間がたつとポリプが成熟し、再びクラゲになって泳ぎ出すのだ。…中略…

この発見の後には、「生物は必ず死ぬ」という命題は、ひとつの反証（結論に反する事実）によって崩壊してしまう

という文章が載っていました。

いままで真であると考えられていた「生物は必ず死ぬ」という命題が、「ある種のクラゲ」の存在が発見されたことによって、真でなかったことがわかったと書かれているのです。


ある御門徒さんから、次のような話を聞きました。

御近所の奥さんが、

「クチナシが咲いている家の子どもは、婚期が遅い」

と言われたのです。そしてそれを聞いた別の奥さんは、家に帰って、早速クチナシを全部きってしまったということです。

ここで、このことについてすこし考えてみたいと思います。まず「クチナシが咲いている家の子どもは、婚期が遅い」という命題について、これは命題とも言えないものだと思うのですが、「遅い」ということばが曖昧です。最近は結婚しない人が増えています。晩婚化が進んでいるとも言われています。何歳からが遅いと言われるのかがわかりません。ですから何歳で結婚しても、遅いとも言えますし、遅くないとも言えます。

ただクチナシが咲いている家の子どもの中に、二十歳前後で結婚した人が一人でもいれば、この命題は確実に崩壊してしまいます。

その反証を探すまでもなく、クチナシが家に咲いていることと、そこの家の子どもの結婚とは、論理的に言って何の関係もありません。もしそこの家のお子さんの婚期が遅いのであれば、それはほかの理由によるのでしょう。

仏教は論理的な教えだと言われます。仏教の論理学は、因明《いんみょう》と呼ばれています。他の宗教と論争をしてきた歴史があり、そのために論理学が発達してきました。

その論理的な仏教を学ぶことによって、論理的なものと論理的でないものとの区別がつくようになります。

このクチナシの話に限らず、世間ではいろいろなことが言われています。いわゆる迷信と言われるものです。それらの多くは、科学的に考えても因果関係の成立しないものです。また中には論理的に矛盾したものもあり、論理的に真でない前提もあります。論理的に真でない前提から導かれた結論は、かならずしも正しいとは言えません。

人の言うことを鵜呑みにせず、なぜそう言えるのかを考えることが大事ではないか。

せっかく咲いたクチナシを、そんないい加減なことできってしまうことのないようにしたいものです。

あってはならないこと

このごろよく「あってはならない」ということばを耳にします。何か事件や事故などが起こったとき、釈明の記者会見などでよく発言されることばです。

もちろん「あってはならない」というのは、「あり得ない」ことではありません。「あり得ない」というのは、物事が起こることが不可能なときに遣いますが、「あってはならない」というのは、「ある」こと、起こることが望ましくない物事が起こったときに遣われます。

「あってはならない」ということばの中に、すでに「あり得る」ことが想定されています。そのうえで「ない」ように、あるいは起こらないようにすることが望ましいということが前提されます。その前提が崩れたときに「あってはならない」ということばが遣われるのです。

ありえないことは、あり得ないのですから、ありません。また起こりません。「あってはならない」ことは、「あり得る」ことですから、あっても不思議ではありませんし、また起こり得ます。

しかしテレビなどから聞こえてくる「あってはならない」ということばは、「あるはずのないもの」というように私には聞こえてきます。たとえばマニュアルが作成されていて、そのとおりに物事が処理されたとすれば、たしかにそれは「あるはずのないもの」なのでしょう。ですが現実にはその「あるはずのないもの」があったり、起こったりすることがあります。

物事が起こるのは、起こるべき条件が整ったから起こるのです。「あり得ない」ものは、そのものがあるべき条件が整わないものです。逆に言えば、あることのない条件が整っているから「ない」のです。それはあるべき条件が存在しない状態といえます。

二〇一一年の東日本大震災では、地震のあと津波が押し寄せました。それによって福島原子力発電所で原子炉の水素爆発事故が起こりました。その爆発によって放射性物質が拡散し、福島原子力発電所から半径三十キロメートル以内は避難区域と決められ、近くの住民は、より遠くへ避難すれば放射線量が低くなるだろうということで、避難しました。

あとでわかったことですが、放射性物質は空中に放出され、風に流されて飛んでいったのです。その流れを予測するシステムがあり、シミュレーションされていたようですが、それはすぐには発表されませんでした。

原子力発電所からそう遠くない住民が避難した先は、放射性物質が風に流されていった道筋にあり、そこは避難前の場所より放射線量が高かったということです。危険を避けようとして避難した先は、避難する前の場所よりも危険な場所であったのです。まさにあってはならないことが実際に起こったわけです。

よく言われることですが、先生、警察官、僧侶などが法を犯すと、大きく報道されます。そういう人たちが法を犯すようなことは「あってはならない」ことだと世間の人たちは思っているのです。私にもその考え方はあります。そのことでできるだけ法を犯すことのないようにと思うのですが、時として踏み外してしまうこともあるようです。

私たちが「あってはならない」ことだと思っても、起こるべき条件が整えば、そのことは起こります。それは私たちの思いとはまったく関係ありません。

お釈迦さまは逆子だったのか

テレビを見ていたら、瀬戸内寂聴さんが法話をしていました。それから何日かして本屋へ行ったときに、『痛快！　寂聴仏教塾』（集英社インターナショナル）という本を目にしました。前に見たテレビの内容が本になったものでした。

寂聴さんは次のように言っています。

お釈迦さまの生涯を記した「仏伝」という伝記によれば、このときお釈迦さまはマーヤーの右脇の下から生まれたということになっています。

けれども、そんなことを今の私たちは素直に信じられるものではありません。

今でもインドに行くと、そのようすを示したレリーフが残っていますが、いくらなんでも嘘に決まっています。…中略…

先ほど、お釈迦さまがマーヤーの右脇の下から生まれたという伝説を紹介しましたが、この話は、お釈迦さまの出産が難産であったことを示しているとも考えられます。ひょっとしたら逆子だったのかもしれません。

「仏伝」だけでなく、『無量寿経』には「右脇より生じて」とあります。

しかし、お釈迦さまの出産が難産であったか、また逆子であったかなど、それ以上は経典などには書いてありませんから、推測するのみです。マーヤー夫人はお釈迦さまを出産されて、しばらくして亡くなられました。そのことからいえば、難産であったかもしれません。

では、右脇の下、または右脇から生まれるという表現は、何を表しているのでしょうか。

横超慧日《おうちょうえにち》先生の『父を偲んで』という本の中に次のような文章があります。

よく世間で誤解されて「いくらお釈迦さんだって、ここ（脇）の下から出ること
なんかあり得ない」と言いますが、そういうことではない。それではどういうこ
とかといいますと、…中略…

お釈迦さんよりずっと前にリグ・ヴェーダーという古い宗教聖典があって、そ
のリグ・ヴェーダーの中に、人間は全部もとは一つのもの——原人から生まれた。
その原人の頭から宗教家が生まれ、政治家は胸脇から生まれ、一般の者は腰から
生まれ、最下級の者は足から生まれる、とあります。だから、お釈迦さんは王様
の種族だから脇から生まれられたのだと、後の人がそのように説明しただけのこ
とで

経典などインドの書物の中で、どこから生まれたかを記すことは、カーストの階級
を表現しているということです。

「お釈迦さまが右脇から生まれた」というのを、寂聴さんが「いくらなんでも嘘に

決まっています」といっていますが、日本語の表現にも、たとえば「のどから手が出る」とか「顔から火が出た」などというのがあります。実際にのどから手など出るわけがありませんし、顔から火が出ることもあり得ません。それと同じなのです。その表現が何を表しているのかを知らないと、文章が正しく理解できません。

お経には、私たちの知識では理解できない表現が出てきますが、それなりの意味が含まれている場合がたくさんあると思います。

きみを忘れない

さだまさしの『精霊流し』（幻冬舎）という題の小説があります。最後の章に、タイムカプセルの話が出てきます。主人公のいとこは若くして亡くなりますが、そのいとこが三十一年前にタイムカプセルに入れた手紙が、二十一世紀の初めに主人公のところに届けられるという話です。

その手紙に「きみを忘れない」と書かれていました。

この小説にのっとって選ばれた音楽をまとめた「小説「精霊流し」の世界」というアルバムに「きみを忘れない～タイムカプセル～」という曲が収録されています。

「きみを忘れない　生命のある限り」ということばが、その中に出てきます。

「きみを忘れない　生命のある限り」ということばだけを取り出すと、その曲でさだまさしが言おうとしていたことと違った意味になってしまいそうですが、あえてここでは取り出してみました。

「生命のある限り、きみを忘れない」、はたして人間にそのようなことができるのでしょうか。ある人には可能かもしれませんが、ある人には不可能な場合があります。そして自分はどちらになるのでしょうか。

私は、このことばは人間にはかなり難しいことのように思えます。さきのことはわかりませんが、いまどれだけ強い決意でそう思っていても、時間の経過や条件の変化とともに、決意が薄らいでいくことも十分にあり得ます。また物忘れがひどくなることもあります。

ですから、私の生命のある限り、きみを忘れないというのは、本人にとっては願望だと思われます。

私たちには、他の人に受け入れてもらいたいという思いがあります。またいつまでも忘れないでいてほしいという思いもあります。私が他の人の役に立つとか、何か他の人と違ったことができるとか、そういう場合には、私を受け入れ、忘れずにいてくれる人はたぶんいるでしょう。

しかし、年を取ると、いままでできていたことができなくなり、人のせわになることが多くなります。そうなると、私を受け入れてくれる人もだんだんと少なくなってきます。そして身寄りも少なくなり、独り暮らしをすることにでもなれば、私の存在そのものも忘れ去られていくことになるでしょう。

「きみを忘れない」と言ってくれる人がいること、そして生命のある限り忘れないでいてくれる人に出会えることは、私にとってとてもうれしいことです。しかしそれが人間であれば、いつか忘れ去られます。

アミダというのは、無量という意味です。また無量寿と言われるように、無量のいのちという意味があります。阿弥陀如来は、その名の示すとおり寿命は無量なのでしょう。

阿弥陀如来の四十八願の中に、すべての衆生を救うという願があります。そのすべての衆生の中には私も含まれていてほしい。

もしそのような寿命が無量である阿弥陀如来が私に対してこのことばを言ってくれているなら、私は喜びをもって生きていくことができるでしょう。

私には、「きみを忘れない　生命のある限り」ということばは、阿弥陀如来のことばのように思えるのです。

ボクはどこにも行かないよ

『無量寿経』に、

人、世間の愛欲の中にありて、独り生じ独り死し独り去り独り来りて、行に当り苦楽の地に至り趣く

ということばがあります。

訳しますと、人は世間の情にとらわれて生活しているが、結局独りで生まれて独りで死に、独りで来て独りで去るのである。すなわち、それぞれの行いによって苦しい世界や楽しい世界に生まれていくということです。

生まれてくるのも、死んでいくのも、独りです。ただこの世にいる間は家族や友人といっしょに過ごすこともあります。

家族や友人といっても、いつまでもいっしょにいられるとは限りません。親子、兄弟でさえ、小さいころはいっしょに暮らしていますが、やがて大きくなると別々に暮らすようになります。また親はいつまでも生きていません。

大ぜいの人と暮らしていても、また大ぜいの仲間といっしょにいても、独りぼっちということもあります。

自分を受け入れてもらえないときには、いくら多くの人といっしょにいても、孤独でしょう。そういう意味では、周りに人がいるとかいないとかに関係なく、孤独であったり、なかったりするのでしょう。

若い人たちは、頻繁に携帯電話で話をしたり、メールのやりとりをしていますが、そうしていないと安心していられないのだそうです。その裏には孤独になりたくないという思いがあるようです。

「だいじょうぶ、ボクはどこにも行かないよ」とドラえもん・ザ・ロボット（株式会社バンダイ発売、対話型ロボット）は話しかけてくれます。ドラえもん・ザ・ロボットというのはドラえもんのロボットです。ことばを聞き取って、それに応じた動きをします。またリモコンで操作すると、いろいろなゲームなどをすることもできます。

そのドラえもんの右手を握ると三種類のことばをしゃべりますが、そのうちの一つがそのことばです。

御存じだと思いますが、ドラえもんというのは、野比のび太という子どものために、未来から来たロボットです。

のび太は、あまり勉強もできず、スポーツも得意ではありません。友だちもあり、けっして孤独ではありませんが、しょっちゅう友だちからばかにされたり、いじめられたりしています。

そして友だちから仲間外れにされたりすると、孤独を感じます。

しかしドラえもんは、のび太をけっして見捨てることなく、ときにはいっしょに失敗もしながら、いつも温かく見守っています。そんなドラえもんの「だいじょうぶ、ボクはどこにも行かないよ」と語りかけることばは、のび太に生きる力と安らぎを与えます。

親や友だちは、あるときには自分をそのまま受け入れてくれる場合もありますが、条件が変われば、見捨ててしまうこともあります。

阿弥陀如来の本願には、すべての人を救うと誓われています。それは、すべての人を無条件に受け入れるということです。世の中にはいろいろな人がいますから、何か条件を付けて、こういう人は受け入れるが、そうでない人は受け入れないなどとすると、かならず弾《はじ》かれる人が出てきます。すべての人を救うためには、無条件でなければならないのです。

ちょうどドラえもんがのび太を受け入れているように。

すべては御縁次第

なせばなる　なさねばならぬ
なにごとも　ならぬは　ひとの
なさぬなりけり

ということばが、あるお寺の掲示板に書いてありました。よく目や耳にすることばですが、なにかひっかかるものを感じました。

二〇〇四年にアテネでオリンピックがありました。

有名な占い師が、ある選手について「金メダルを取れない」と予想をしていました。オリンピックが終わったあと、テレビ局がその占い師に、「あの選手は金メダルが取れないと予想していたが、取れたではないか」と質問をすると、それに答えて、「私はあのとき言っていたでしょう。血のにじむような努力をしなければ、金メダルは取れないと。きっとたいへんな努力をしたのでしょう。だから取れたので、予想は外れてはいない」と言いました。

この予想は「努力をしなければ、金メダルは取れない」となります。これは、「努力をすれば、金メダルが取れる」と同じ意味です。

金メダルが取れた場合は、努力をしたからであり、また金メダルが取れなかった場合は、努力が足りなかったからとなります。

つまり金メダルが取れても取れなくても、この予想は当たっていることになります。どこかおかしいと思いませんか。

金メダルが取れても取れなくても、予想が正しいというのは、結局何も言っていないのと同じことなのです。

最初に挙げた「なせばなる」ですが、これも占い師と同じことになるのではないでしょうか。

「なる」場合は、「なす」からであり、「ならぬ」場合は、「なさぬ」からとなります。

この「なせばなる」を信じた人が、ある大学に入るために勉強をしたとします。結果は合格か不合格かのどちらかです。合格という結果が出たときは、その人は努力して勉強したからだと評価されます。不合格という結果が出たときには、その人は努力せず勉強しなかったからだとされます。極端にいえば、努力が足りないというひと言で片づけられるおそれがあります。

合格か不合格かの結果から見て、努力して勉強したか、努力せず勉強しなかったかを決定しているように見えます。

仏教では御縁ということを言います。御縁は、縁起と同じ意味です。

縁起というのは、すべてのことは縁によって起こるということです。縁というのは、条件とか状況と言い換えてもいいと思います。すべてのことは、条件によって起こるか起こらないかが決まるということです。

「なせばなる」は、縁起ということを踏まえていえば、「なる」条件が整っているときは「なせばなる」。その反対に「なる」条件が整っていなければ、「なしてもならない」でしょう。

たとえば勉強すれば大学に合格することもあり、勉強したけれども不合格になることもあるでしょう。勉強しなくても大学に合格することもあり、勉強しなかったから不合格になることもあるでしょう。受験した大学の競争率が高い場合、いくら勉強しても合格できないこともあり、競争率が低い場合、たとえば定員に満たない場合などは、勉強しなくても合格することもありますが、勉強もせず、その大学の入学基準に満たない場合は、不合格になるでしょう。

なせば「なる」こともあり、「ならぬ」こともある。なさぬでも「なる」こともあり、「ならぬ」こともある。「なる」「ならぬ」は、御縁次第なのです。

あなたの命を「いただきます」

あなたの命を「いただきます」

私たちは「悪人」といった場合、善人に対してのことと考えます。それは相対的な善人と悪人です。つまり絶対的な善人と悪人という二分論で考えているのです。

テレビを見ていると、海の幸の特集がよくあります。特に生きているものをその場で料理して、「これは新鮮でおいしい」と言って食べている場面があります。

またニュース番組では旬のものを紹介することがあります。そのようなときにもアナウンサーは「おいしそうですね」などとコメントしています。

以前勤めていた職場の旅行で、宴会に伊勢海老が出たことがあります。そのときに出された料理は新鮮で、おいしかったことはもちろんですが、料理人が私たちの目の前で生きている伊勢海老に串を刺していました。伊勢海老は「キューキュー」と音を立てていたことを覚えています。

すべての生命は、他の生命を犠牲にすることによって維持されます。すくなくとも人間の場合は、他の生命を犠牲にせずに自己の生命を維持することはできません。その場合、生命の中には植物も含んでいます。植物も生きているのです。動物だけが生きているのではありません。

これもよく言われることですが、食事の前に「いただきます」と言って食事をし、終わったあとに「ごちそうさま」と言います。「いただきます」とは、「あなたの命をいただきます」という意味だといわれます。

すこし考えてみると、とても恐ろしいことばではないでしょうか。私が「いただきます」と言う分にはそれほど問題はないように考えていますが、もしだれかが私に向かって「あなたの命をいただきます」と言ったとするとどうでしょうか。これはたいへん恐ろしいことです。すなおに「どうぞお召し上がりください」などとはだれも言わないでしょう。

古代インドの仏教説話に『ジャータカ』といわれるものがあります。お釈迦さまが前世で菩薩だったときにされた善行を集めたもので、『本生譚《ほんしょうたん》』などとも訳されています。

その『ジャータカ』に「捨身飼虎《しゃしんしこ》」という話があります。ある男が通りかかると、崖下に飢えて動けないトラの親子がいました。男はいまにも餓死しそうなトラの親子を気の毒に思い、トラの親子の前に自分の身を投げました。その身を食べさせることによって、飢えたトラの親子を救ったという話です。自分の命を捨てて他の命を救うことと他の命を食べて自分の命を長らえることとは、正反対のことです。自分の身を捧げ他の命を生かすことは、だれにでもできることではありません。だから尊いことだとして『ジャータカ』になったのでしょう。

仏教では十種の悪い行為として、十悪が説かれています。その中の一番目に「生命をそこなう（殺生、断生命）」が挙げられています。

人間が生きていくためには、殺生をしなければなりません。殺生を避けて通ることはできないのです。人間の生命は、殺生という悪の上にしか成り立たないものです。

そのことを前提にすれば、人間であって善人であることは成り立たないと考えられます。

殺生をすれば、地獄に堕ちるといわれています。とすれば、毎日三度取る食事は、地獄に堕ちる原因となります。いくら感謝のことばとして「いただきます」と言っても、それで地獄に堕ちなくて済むというものではないでしょう。

すべての人間が宿業として悪をかかえて生きているのです。だからこそ人間に善人、悪人などという区別はないのです。まさに地獄に堕ちるべき悪人しかいないのです。

墓ない人生

ある墓石屋さんの広告に、墓のないのは「はかない人生」だという内容のものがあったように記憶しています。

御門徒さんから、お墓について聞かれることがあります。

真宗大谷派では、お墓は持つ必要がないとされています。京都市内の真宗大谷派のお寺には墓地はほとんどありません。

親鸞聖人は、お墓など要らないと言っておられます。

某親鸞閉眼せば、賀茂河にいれて魚にあたうべしと『改邪鈔』に書かれています。これは、「喪葬を一大事とすべきにあらず」ということを言われているのですが、葬儀を一大事としないのであれば、もちろんお骨も一大事ではありません。

ですから、お墓について聞かれたときには、「お墓は持つ必要はありません」とお答えしています。

もちろん私の寺にも墓地はありませんし、代々私の寺に住む者は、大谷祖廟と東本願寺に納骨しています。

そのように説明するのですが、どうしてもとおっしゃる場合は、「持つ必要がないのであって、持ってはいけないと言っているのではありません」と言うことにしています。

また現代のような時代は、いつ、どこへ転居するかわかりません。遠くへ転居すれば、お墓参りもままならなくなります。まして年老いていけばなおさらです。そして墓地を求めても、その墓地を守ってくれるものが続くとは限りません。無縁墓になれば、いずれは他の人がそこに新しくお墓を造ることになるでしょう。

ですから、「大谷祖廟へ納骨されてはいかがですか」とお勧めしています。

さて、墓のないのははかない人生なのでしょうか。

お墓が欲しいとおっしゃるかたの中には、「死んだあと、入るべき墓がないと、安心して死ねない」と言われることがあります。

親鸞聖人は、自分が死んだら、鴨川に捨てて、魚に食わせてくれと言っておられます。自分が入るべき墓など一つも心配しておられません。

なぜなのでしょう。

それは、この身は御縁によって、たまたまこういう形になっているだけだということ、そして死んでしまえば、私の身は消えてなくなってしまうということを御存じだったのです。

さきに挙げた親鸞聖人のことばは、肉身を大事に思うことよりも、もっと大事なことは信心なのだということを言っているのです。

そして親鸞聖人は、阿弥陀如来のお浄土に生まれることの確信がありました。ですから、お骨を守ってもらう必要などないわけです。

私たちは、縁起の世界に生きています。縁起の世界とは、条件次第ではどうにでもなるという世界です。たまたまいま生きる条件があるから生きているのであって、その条件がなくなれば死んでしまうのです。

私が死んでから入るべき墓があろうがなかろうが、そんなことに関係なく、初めから私たちの人生ははかないのです。

念仏のサンガとは

「サンガ」とはサンスクリット語です。「僧伽《そうぎゃ》」と音訳されています。意味は、和合衆、仏教の修行者の集まりということです。仏教の教団をさす場合もあります。「僧伽」は、略して「僧」ということもあります。

昔あるところで「念仏のサンガをめざそう」というテーマが決められたことがありました。

「念仏のサンガ」とは何か。念仏を称えるための集まりという意味にも取れますし、念仏を喜ぶ人々の集まりとも取れます。また念仏を中心として生きる人々の集まりとも、さまざまな意味に取ることができます。そのテーマを決めた人々は、「念仏のサンガ」をどのように思っていたのでしょうか。

念仏のサンガがお念仏をいただいた人の集まりということであれば、みんな仲よく、けんかもせずというようなことを思われるでしょう。はたしてわれわれに、そういうことができるのでしょうか。

たとえば、法話を聞きに集まられたかたは、そのときはけんかはしません。なぜなら、けんかする必要がないからです。

ところが生きていると、いくら念仏を申してありがたいと思っているような人でも、自分の利害に関係する問題が起きてくると、やはり自分の領域を守ろうとします。それを侵してくるものがあれば、それを排除したくなりますので、その場合はみんな仲よくといっていても、仲よくできるとは限りません。

また法話を聞く場で、自分が座ろうと思っているところへほかの人がさきに座ったりすると、あそこは私が座ろうと思っていたのにと思ったりすることもあるでしょう。後ろのほうに座っていて、「どうぞ、前へ、前へ」と勧められると、「私は後ろがいいのに、なんで前に行かなければならないのか」と思いながらも、勧める人に負けて前に移動はするものの、「私は後ろに座りたかったのに」といつまでも思うかもしれません。

意見の衝突もなく、仲間外れになる人もなく、みんな仲よく、楽しく、和気藹々といくことが念仏のサンガではないと思います。

お念仏を申して喜んで生きていても、それぞれの御縁が起これば、けんかもする、怨みも懐く、ねたみもする、人と比較して優越感に浸る、また劣等感に陥るということは、日常茶飯事です。そうなるのは当然で、お念仏を申したからそんなものが全部なくなるなどということはありません。

念仏のサンガといっても、その集まりの中では、けんかもしているし、仲間外れも作っているし、自分の都合に合わせて人をどうこうしたいと思ったりすることは、たくさんあるのではないでしょうか。

「念仏のサンガ」と聞いて、受け取り方は人によってそれぞれ違うと思います。また「念仏のサンガ」のイメージも違うでしょう。そういう考え方の違う人に対して、

「念仏のサンガ」はこうだからと決めつけて、自分たちの考えに従えというのではなく、考えが違ったらいけないというのでもありません。相手の考え方と同じになるのではなく、違うことを認めていける、考えの違う人ともいっしょになることのできる集まりではないでしょうか。

「念仏のサンガ」というのは、そういうものではないかと私は思います。

甘露の門開く

あるとき「不死」ということばが頭に浮かんできました。そこで「不死」についてあれこれ考えてみました。

もし私が不死であれば、どういうことになるのでしょうか。不死とは、死なないことです。死なないこととは、死のうとしても死ねないことです。ずっと生き続けるということ、逆にいえば生き続けなければならないということです。

私たちは体があって生きています。その体を維持するため、つまり生きるために食べています。もし食べなければ、かなりの確率で死ぬでしょう。

しかしもし不死であれば、一切何も食べなくても死なないことになります。また事故に遭っても、たとえ体がつぶされても、焼かれても、死ぬことはありません。つまり体がなくなっても生きていることになります。

私が不死だということになると、「私の体」と「私が生きていること」とが無関係になってしまいます。

ここまで考えて、私の思考は行き詰まりました。現実に私が生きているということは、私の体をもって生きてあるということだったのですが、もし私が不死だとすると、私の体とは無関係に私が生きていることになります。それは現実とはかなりかけ離れたことになります。

「甘露門開」という額が私の寺の本堂にかかっています。「甘露の門開く」と読むことは、子どものころから知っていました。しかしそのころはどういう意味かわかりませんでした。

甘露は、サンスクリット語「アムリタ」の訳で、「不死」という意味です。

不死とは、もちろん死なないということですが、いわゆる不老長寿ということではありません。

不老長寿とは、この世で老いず、長生きするということです。私たちはそれを望み、科学や医学が発達した結果、日本ではいまや長寿社会を迎えました。

しかし、長寿にはなりましたが、不老ではありません。長生きしたために、ある人は認知症となり、ある人は寝たきりとなりました。そして早くお迎えが来てほしいというつぶやきが聞こえるようにさえなりました。

長寿社会を迎えたために、いままで経験しなかった苦を知らされる結果を招いたのです。

仏教でいう不死とは、この世での「生死《しょうじ》を離れる」という意味で、「涅槃」のことです。この世で長生きすることではないのです。

生死というのは「生老病死」の略です。生老病死は「迷い」という意味です。生死を離れるというのは、「迷いを離れる」ということです。

お釈迦さまは、生老病死に苦しむ衆生を見て、出家されました。長い修行を経て悟りを開かれ、やがて亡くなられました。お釈迦さまが亡くなられたことを、単に死んだとか、亡くなられたというのではなく、涅槃に入られたと表現します。
涅槃とは、煩悩の火が消えた状態をいいます。生きている間は煩悩が盛んですが、
その盛んな煩悩が滅した状態を涅槃に入ったと表すのです。
甘露門は涅槃に入る門です。その門は、お釈迦さまによって開けられたのです。

愚かな愚かな私です　それさえ知らぬ私です

タイトルは念仏詩人、木村無相さんの詩です。

私たちの中にはいろいろな人がいます。頭の働きも人によって違います。記憶力のいい人、頭の回転の早い人、緻密に物事を考えるのが得意な人もいます。ひらめきの鋭い人もいます。

以前法話で、「あなたたちはお経を読んで、わかったつもりになっているが、ほんとうにわかってはいない。ほんとうにわかっているのなら、お経を逆さまに言えるはずだ」というようなことを言っていた講師がいました。

お経を逆さまに言うこととわかったこととはまったく無関係でしょう。そんなことは、コンピュータならごく簡単にできますが、コンピュータがお経を理解しているわけではありません。コンピュータにも得意な分野と不得意な分野があります。人間と比べても優れた部分がありますが、いまのところコンピュータにはできないことも多くあります。ですからコンピュータに対して愚かだとか愚かでないとかいうのは、適切ではありません。

愚かだという基準を決めれば、それに合った人は愚かだといえます。その場合、基準が変われば、また違った結果になります。

たとえば最近は漢字について関心が高いようですが、漢字をあまり記憶していない人に対して、漢字の数を基準にして愚かかどうかを判定すれば、愚かだといえるでしょう。

また計算の遅い人に対して、その速さで愚かかどうかを決めれば、その人は愚かだということになるでしょう。

しかし、それらの人は、また別の分野では優れた能力を持っているかもしれません。

ですから、すべての人間が愚かだとは言えないのです。

しかし木村さんの詩でいう「愚か」とは、どんなことでしょうか。物事を知らないということではありません。仏教の教えを知らないことを愚かといっているのです。それを仏教では「愚痴《ぐち》」とか「無明《むみょう》」といいます。

「愚痴」とは、仏教の教えを知らず、道理や物事をあるがままに見たりわかったりすることができないことをいいます。また「無明」とは、人生や事物のほんとうのすがた（相）がどういうものかがわからないこと。すなわち、すべては無常であり固定的なものは何もない（無我）という事実に無知なことです。

お経を読み、解説書を読み、それを理解できても、単なる知識としてしか受け取っていないことを言っているのです。

仏教の教えを知識として知るということは、私たち現代人にとっては簡単なことでしょう。私たち現代人は自らのことを愚かだとは思っていません。そしていままでに得た経験や知識で仏教を理解しようとします。それである程度は理解できるので、その結果仏教を理解したと錯覚して、覚ったように思ってしまうのです。

ところが、実際は覚ってはいませんから、ほころびが出てきます。そのほころびに気づいたときに「いままで仏教を理解したと思っていたが、わかってはいなかった」ということがわかるのです。

愚かな愚かな私です。
それさえ知らぬ私です。

その愚かさに気づいたとき、いままで自分は愚かであるとは思わずにいたことがわかるのです。

座ぶとん

あるとき御門徒さんが座ぶとんを持ってこられました。新しく座ぶとんを買い求めたので、いままで使っていたのが不要になった。どなたか使っていただけるかたがあれば、もらってほしいということでした。たまたまほかの御門徒さんが、うちで使いたいということで、もらって帰られました。その座ぶとんというのは、りっぱな、分厚いものでした。

御門徒さんのお内仏でお勤めをするとき、ほとんどの場合、座ぶとんが置かれています。それもりっぱな、分厚いものであることもよくあります。

なんの疑問も持たず、当然のこととして、それに座ってお勤めをしていました。

あるとき、ふと気がついたのですが、自坊でもよそのお寺でも、内陣《ないじん》や外陣《げじん》でお勤めするときは座ぶとんは置いてありません。

注意して見ればわかりますが、御本山でも、座ぶとんに座って法要を勤めることはありません。

御門徒さんへお参りするときは、そちらにとって私はお客さんであり、もてなしの対象となります。お客さんに座ぶとんを出すのはごく普通に行われていることでしょう。

また一般にお坊さんはたいへんな修行をし、俗人にはまねのできないことをしている、りっぱな人だと世間では見られているようです。そこでは浄土真宗とそれ以外のお坊さんの区別はされずに、一律にお坊さんはりっぱな人だという受け止め方がされているのではないでしょうか。

その結果、お坊さんをもてなすためには普通よりすこしは丁寧にしなければという思いが、その座ぶとんにも表れているのではないかと思います。

また御門徒のみなさんがお参りをされるとき、自宅では、座ぶとんを用いられる場合もありますが、畳の上に直接座っていることも多くあります。

このごろはお寺でも椅子が多くなっていることもありますが、そうでないときは座ぶとんが用意されています。お寺へお参りに来られる御門徒さんは、寺から見ればお客さんですから、それなりの対応をしています。

昔は畳は高価であり、あまり用いられなかったのではないかと思います。テレビや映画で時代劇などを見ると、板張りの場面が出てきます。そこに薄縁《うすべり》を敷いて座っていたりします。

やがて畳が普及して、どこにでも普通に見られるようになると、畳の上にさらに薄縁を敷いて座ったり、座ぶとんが用いられるようになりました。

内陣は板張りです。最初のうちは直接板の上に座っていたのでしょうが、やがて薄縁を用いるようになったと思われます。そして薄縁の代わりに畳を用いるようになったのでしょう。

内陣だけではなく、一般の家庭でも最初は板張りだったでしょう。時代が下って、経済力が上がってくると、畳が一般的になります。やがてその畳の上に薄縁を敷いて座るようになったのでしょう。そして畳の上に座ぶとんを敷くようになります。あるいはいまではカーペットや段通を敷いてあったりします。

畳の上に椅子や座ぶとんを用いるようになったのは、単に時代の変化やもてなしの気もちによることなのでしょうか。それとも、もともとは薄縁や座ぶとんを用いない意味が何かあり、それが時代の変化とともに見失われてしまっているのでしょうか。

とはいえ、一度そのようになってしまうと、なかなか元には戻れません。そのうちお寺も内陣や外陣での勤行《ごんぎょう》のときに座ぶとんや椅子が使われるようになり、それがあたりまえになってしまうかもしれません。

何のために法事をするのか

何のために法事をするのか

御門徒さんの法事に参ったとき、そのお勤めのあとで、

「死んだ父も喜んでいることと思います」

「ずっと気になっていたのですが、やれやれこれで気が楽になりました」

などと言われることがあります。

『岩波仏教辞典』で「追善」を見ると、

善事を修し、供養を施して死者の冥福を祈る行為。

功徳を積み、もって死者の冥界での安穏を祈った。

と出ていますから、「死んだ父も喜んでいることと思います」とか「ずっと気になっていたのですが、やれやれこれで気が楽になりました」と言われるかたは、どうやら追善供養のために法事をされていたようです。あるいは義務的に考えているようにも聞こえてきます。

『歎異抄』第五条に、

親鸞は父母の孝養のためとて、一返にても念仏もうしたること、いまだそうらわず。

とあります。孝養は、「きょうよう」と読みます。孝養を「きょうよう」と読むときは、追善供養の意味になります。親鸞聖人は、追善供養のために念仏したことはないと言っているのです。

では、浄土真宗における法事にはどういう意味があるのでしょうか。

法事のお勤めの最初に表白《ひょうびゃく》を読みます。表白には、この法事は何の法事か、またどのような意味で勤めるのかなどが含まれています。

私がよく用いる表白の中に、次のような一節があります。

亡き人を偲びつつ　如来のみ教えに遇いたてまつる

法事を勤めるのは、亡き人の命日を御縁とし、亡き人をしのびながら、如来のみ教えに遇うためなのです。

つまり法事というのは、阿弥陀如来のみ教えに遇うための御縁なのです。阿弥陀如来のみ教えに遇うためには、聞法することです。法事のお勤めを聞くことは、まさに法を聞くということですが、亡き人がその人の生き様を通して私に何を伝えようとしていたか、それを私ははたして受け取っているか、そういうことを考える御縁が私に与えられること、それが法事に遇うということの意味なのです。

その亡くなったかたを御縁として仏法に遇い、私が御信心をいただいたなら、そのかたは善知識です。善知識とは、先生という意味ですが、私が御信心をいただくために浄土から来られた仏であると言えるでしょう。そのように受け止めたら、そのかたを諸仏と仰ぐことができるのではないでしょうか。

亡くなったかたを諸仏と仰げるならば、ただ感謝の念仏を称えることです。冥福を祈ることはありません。追善供養をして死者に功徳を手向ける必要はないのです。したがって追善供養は必要のないことなのです。

子どもがいないと寂しい

私には子どもがいないのですが、「お子さんがなくて寂しいでしょう」と言われることがよくあります。私は結婚してからずっと坊守と二人きりの生活をしています。子どもがいてにぎやかにしている状態がなかったので、べつに寂しいという感じはありません。

通常は結婚すると、子どもができるかたが多いでしょう。子どもが二人、三人とできると、にぎやかになってきます。そうなってくると、それが普通だと思うようになります。そして子どもが大きくなると、結婚して、別の所帯を持ちます。いままで五人いたのが、四人になり、三人になり、二人になってしまう。にぎやかに暮らしていたところが、そうやって家族が減っていくと、にぎやかでなくなります。年を取って家族がだんだん減っていくと、寂しく思うというのは想像がつきます。

そういう御家族のところへお参りに行くと、たまに「二人だけになると寂しい」と言われます。まして、連れ合いが亡くなると、それこそ独りになってしまいます。そこへ息子や娘、孫などもあまり訪ねてこなくなれば寂しいだろうと思います。

世の中にはいろいろな人がいます。独りでいても寂しくない人もいます。私は人がたくさんいるところへはあまり行きたくないという性格なので、独りでいると好きなことができます。だから独りでも寂しいとはあまり思わないのです。けれども、世の中には、周りに人がたくさんいないと、とても寂しくてたまらないという人もいます。

しかし、たくさんの人といても、また多くの家族がいても、それで寂しくないかというと、そうでもないようです。

こんな話を聞きました。お父さんが外から夜遅く帰ってくると、家に明かりが一つついています。それが、お父さんの帰ってきたあとには、明かりが家のあちこちにつくという話です。お父さんがいない間は家族全部が居間に集まっていたけれども、お父さんが帰ってくると、みんなそれぞれの部屋に行ってしまうのです。

ひょっとしてお母さんも相手をしてくれない場合もありますので、そういうお父さんの場合は、家族がたくさんいても寂しいのだろうと思います。ですから、家族が多くても、寂しい、孤独であるということが起こり得ます。

人間は、生まれて何年間は、みんながかまってくれます。いまは大事にされない子どももたくさんいるようなので、かならずしもそうとは限らないのですが、たいていみんなに大事に育てられます。そういう子どもは、みんなにちやほやされて、かわいい、かわいいと言われて育てられるのがあたりまえだと思うようになります。

そしてそうやって育った子は、結婚する前は、好きな人もできて幸せな時期を過ごしますが、結婚して、しゅうと、しゅうとめがいるところに行くと、いろいろな問題も起こったりします。

また年を取ってきて、認知症などになると、どうも疎まれることも多々あるように思います。そうなると、やはり孤独感を味わうことも多いのではないでしょうか。

いずれにしても、孤独を味わったことがないという人はわずかでしょう。自分を受け入れてもらえないときには、いくら多くの人といっしょにいても、孤独を感じます。周りに人がいるとか、いないとかに関係なく、孤独であったり、なかったりするのです。

努力は報われるとは限らない

最近「常識」ということばが気になっています。「常識」ということばは、どういう意味で遣われているのでしょうか。

「常識」を『広辞苑』で調べてみると、

(common sense) 普通、一般人が持ち、また、持っているべき知識。専門的知識でない一般的知識とともに、理解力・判断力・思慮分別などを含む。

とあります。ここでは「理解力・判断力・思慮分別など」は考えに入れずに、単純に知識だけを考えてみます。

『広辞苑』ではそのようにあるものの、私たちが「そんなの常識だよ」と言うときには、一般的知識以外の専門的知識を指す場合が多いのではないでしょうか。たとえば私たち真宗門徒にとっての常識が他宗の人にとっては常識でないことがあります。また「男にとって」「女にとって」「若者にとって」「高齢者にとって」というように、その場その場で遣い分けているのではないでしょうか。

それらの「常識」は、『広辞苑』で説明されているものとは違うように思えるのです。一般に「常識」といわれる知識を私はどれほど持っているのだろうかと思うことがあります。

タレントの伊奈かっぺいさんの「家訓」の中にこんなことばがあります。

努力は積み重ねるから崩れる。積み重ねないと決して崩れない。
人間は立って歩くから転ぶ。はじめから横になって転んだ人はいない。
無駄な汗はやっぱり無駄で努力は報われるとは限らない。

この文章を見て、努力はむだだと言っているると理解する人がいます。そういう人は、なんと非常識なことを言うのだろうと思っているのではないでしょうか。

はたしてそうでしょうか。「努力は積み重ねるから崩れる。積み重ねないと決して崩れない」の「努力」を「積み木」と置き替えてみると、受け取り方が違ってきます。たしかに積み木は積み重ねるから崩れる。しかし積み重ねない積み木は崩れることはない。

「努力は報われるとは限らない」というのは、「努力は報われることはない」という意味ではなく、「努力は報われることもあるが、努力したからといって、かならずしも報われるものではない」と理解すべきだと思います。

文章としてはすこしことば足らずな表現と言えますが、そう理解すると、この文章は非常識なものではなく、ごくあたりまえの、常識的なことを言っていると言えるのではないでしょうか。

私たち真宗門徒は、「門徒もの知らず」と世間から言われています。そういう意味では真宗門徒は非常識だということでしょう。「もの知らず」とは、「もの忌み知らず」のことだと聞かされてきました。「もの忌み」とは、『広辞苑』では、

不吉として、ある物事を忌むこと。縁起をかつぐこと。

とあります。

ここでいう縁起とは、いわゆる迷信のことです。蓮如上人の『御文』（一帖目第九通）にも「吉良日をみることをえざれ」とあるように、親鸞聖人は日の良し悪しをえらぶような、科学的根拠のないことは否定してこられました。現代でいえば、何か行事をするときに、大安、友引、仏滅など、暦を見て日を選ぶようなことはしてはいけないというのです。

如是我聞

お経は、「如是我聞」ということばで始まります。すべてのお経がそうかと言われると、確かめたことがありませんので、わかりません。しかし、浄土真宗の正依の経典である『無量寿経』『観無量寿経』『阿弥陀経』については、「如是我聞」あるいは「我聞如是」で始まります。どちらにしても意味は同じです。

「如是我聞」は、「このように私は聞きました」という意味です。何を聞いたのかというと、お釈迦さまが説法された内容について、私はこのように聞いたということです。

昔、インドの国には文字がなかったので、お釈迦さまが説法された内容を書き留めることができませんでした。お釈迦さまの説法を聞いていた、たくさんの人の中には記憶力のいい人もいて、話された内容を覚えていました。そういう人たちが、あちらこちらで人々にお釈迦さまの説法の内容を語り伝えていきました。

お釈迦さまが亡くなられて何年かの後、そういう人たちが集まって、何回も説法の内容を語り合い、記憶違いなどを訂正し、統一しました。そしてお釈迦さまの説法の内容を人々に語り伝えていったのです。

やがてインドに文字ができ、お釈迦さまの説法が書き留められるようになりました。そのときに、お経の最初には、「私はこのように聞きました」と書かれたのです。「如是我聞」で始まるお経を見たり聞いたりしたときに、何千年か前に語られたお話だと受け取ると、単なるお話に終わってしまいます。そのときには、いいことが書いてあるとか、難しいことが書いてあるなどの感想は持つでしょうが、私を救うものとはなりません。

お経を読むことも、理解することも、なかなか簡単にできることではありません。直接お経を読んでもわからないことが多くあって、以前から法話という形で、比較的やさしく仏法について語られています。

法話を聞くことは仏法を理解する助けとなります。聞きなれないうちはことばも難しく、意味もわかりません。何度か聞いているうちに、そのことばが自然と頭に入ってきます。しかしそうすると、頭で理解するようになります。仏法が知識になってしまうのです。

そこには「私」が入っていませんから、私の問題を解決する力とはなりにくいのです。「私」ということを抜きにして法話を聞くと、仏法が他人事《ひと》になってしまいます。仏法を他人事にせず、私が聞くこと、お経の教えを私の身で受け止めることが大切なのです。

とはいえ、法話の内容は私の問題とは一致しないことがほとんどです。

たとえば『阿弥陀経』には「舎利弗」、『観無量寿経』には「阿難」「韋提希」、『無量寿経』には「阿難」という名がたびたび出てきます。お釈迦さまがそれらの人に向かって説法されたからです。その説法を他の人々も語り継ぎ、聞き続けていきました。

説法の内容はかならずしもそれぞれの人の問題とぴったり一致はしなかったでしょうが、それぞれの人が自身の問題として受け止めていったのではないでしょうか。

お経の初めには、すでに何千年も前から「如是我聞（このように私は聞きました）」と、「私」を中心に据えた聞き方が示されているのです。

念仏申す

私たちは、お葬式などに参列する場合、かならず念珠を持っていきます。そしてお参りするときには、手を合わせて、「南無阿弥陀仏」とお念仏を称えます。

私も、小さいときから教えられ、仏さまの前では見よう見まねで手を合わせて、「南無阿弥陀仏」とお念仏を称えてきました。ですから、ほかの人もみなそうするものだと思っていました。

何年か前、弟が亡くなったときのことです。私の知人が通夜にお悔やみに来てくれました。そのかたはクリスチャンでしたが、手には念珠をお持ちでした。実際にそのかたが祭壇の前でどのようにお参りされたかはわかりません。

また葬儀では、弟の友人が弔辞を述べてくれました。かれは弔辞が終わったあと、しばらくじっとしていて、やがて頭を下げて退席されました。

さて、私たちは、お葬式や法事にお参りするとき、どのようにお参りしているでしょうか。私の知人のように、相手に合わせるようにお参りするのか、それとも弟の友人のように、自分なりの仕方でお参りするのか。

世の中にはいろいろな宗教があります。また仏教であっても、いろいろな宗派があり、お参りの仕方はそれぞれ違います。

仏教では数珠を使用しますが、その形も拝み方も、宗派によってそれぞれ違うようです。御本尊はもちろん宗派によって違います。御本尊が違えば、当然称える念仏も違ってくるのでしょう。

また焼香の作法も違うようです。以前テレビで焼香の作法を教える番組をやっていましたが、お香はいただいて、三回焼香するのが正しい仕方だと言っていたように記憶しています。しかし最近は宗派によって違いがあるため、どれが正しいということはないと言われているようです。

また神式の場合、礼拝するときの拍手《かしわで》の打ち方にも違いがあると聞いています。

以前私が神式のお葬式にお参りしたときは、入り口で花を渡され、礼拝の仕方の説明を受けましたが、その花を祭壇にお供えして、拍手を打たずに、お念仏を称えてきました。

もしこちらが相手に合わせようとすれば、何種類もある礼拝の仕方を知っていなければなりません。そんなことは無理なことでしょう。

すこし迷いもありましたが、そんなとき、ある先生がこんなことを言われました。

「私たち真宗門徒は、どこに行っても、お念仏を申せばよいのです。神社に行っても、キリスト教の教会に行っても、他宗のお寺に行っても、いつでも南無阿弥陀仏とお念仏を申すことです。相手によって変えることはないのです」と。

この話を聞いたとき、それまで相手に合わせようとして合わせることのできなかった自分に気づきました。そして心がすっきりしました。これからはどこへ行こうと、何も迷うことはない。南無阿弥陀仏とお念仏を申すのだと腹が決まりました。

それ以降、御門徒さんから尋ねられたときは、

「相手に合わせる必要はありません。南無阿弥陀仏とお念仏を申せばよいのです」

とお答えしています。

何が起こるかわからない

私たちは大地の上に生きています。大地は私たちを支えるに足るほど固いもので、穴などは開かず、ましてや自分が落ち込むことはないと私たちは思い込んでいます。つまり大地を絶対的に信頼して、その上で私たちの人生が成り立っているのです。大きな地震でもなければ、大地に深い穴が開いたり、大きな亀裂が入ったりすることはないでしょうが、実際に開いている穴をのぞいたりすると、恐ろしさを感じます。

毎日バイクで走っていると、道路の舗装をはがして、工事をしているのを見かけることがあります。その穴の中を見ると、鉄骨が組んであったりします。道路の下は土などで詰まっていると思っていたのですが、空洞になっている部分もあることがわかりました。

何かの偶然が重なって陥没でも起こしたらと考えると、恐ろしくなります。そのように普通道路が陥没することなどはめったに起こることではなく、たぶん一生に一度も出会うことはないだろうと思っていたのですが、そうでもないことが身近に起こりました。

自宅の前の道路は私道ですが、舗装されています。気がつくとそれほど大きくはないのですが、二、三か所にくぼみができていました。そのうちの一つは特にひどく、穴が開いていました。どうやら空洞ができているようでした。

しばらくすると、アスファルトが盛られていました。最初は盛り上がっていたのですが、何か月かたって、またへこみました。舗装されているので、その下がどういう状態になっているのかはわかりません。ですから、そのうちまた穴が開くかもしれません。

地面の下では、知らぬ間に空洞ができることもあります。空洞の大きさによっては舗装面にまで影響を与えることもあります。

大地に開いた穴を見ると恐ろしさを感じます。それはなぜなのでしょうか。私たちは、大地はそう簡単には崩れるものではなく、私たちを支えてくれると考えています。その根拠が崩れたからなのではないでしょうか。

この世の中、何が起こるかわかりません。起こってもけっして不思議ではありませんが、実際に身近にそういうことが起こらなければ、実感できません。ところがそれが身近に起こったのです。阪神大震災が起こり、また東日本大震災が起こりました。阪神大震災のときの映像も衝撃的なものでしたが、東日本大震災のときは、地震のあとの大津波の映像に、ただただ驚くばかりでした。水の力の恐ろしさを見せつけたものでした。

地盤が沈下し、日本列島の一部が東へ数メートル移動したということです。そのことを通して、いままで絶対だと信頼していた大地が、けっして絶対ではなかったことがわかりました。そしてその大地を信じることによって成り立っていた私たちの人生の根拠が崩れてしまったのです。

お釈迦さまは、何が起こるかわからないこの世のありようを、諸行無常ということばで教えてくださいました。

諸行無常を私たちの人生の根拠にすることによって、何が起こるかわからない世の中にあって、何が起こっても不思議だとは思わない人生が送れるのではないでしょうか。

冥福祈らず

年に何度かお葬式にお参りします。お葬式で弔電が披露されることがあり、時には弔辞を読まれることもあります。その中に「御冥福をお祈りします」ということばが入っていることがよくあります。

「冥福」とは何か、『広辞苑』で引いてみると、

①死後の幸福。「――を祈る」。

②人の死後の幸福を祈るために仏事を修すること。追善。

とあります。

冥福に使われている「冥」という字は、「くらい」という意味であり、「死者の世界」「あの世の」という意味があります。

一般的には、人は死後冥途《めいど》へ行くと思われています。そしてその冥途は地下の世界であり、暗黒のイメージを私たちに与えます。この「人は死後冥途へ行く」という考え方は、六道輪廻の思想から来ています。生きとし生けるもののことを衆生と言いますが、衆生は生まれ変わり死に変わりして六道を輪廻するという考え方です。これは、昔からインドに伝わる考え方で、六道は迷いの世界です。六道を輪廻することから抜け出ることを解脱といいます。お釈迦さまは六道輪廻から解脱され、悟りを開かれたのです。

その六道輪廻の六道とは、地獄、餓鬼、畜生、修羅、人、天の六つです。地獄がいちばん下で、天がいちばん上の世界とされます。それぞれの世界（道）で命終わったとき、六道のいずれかに生まれ変わるのですが、生きている間にいいことをしたか、悪いことをしたかによって、いいところへ行くか悪いところへ行くかが決まるのです。

さて、私たち真宗門徒は、人が亡くなったときに冥福は祈りません。亡くなった人を諸仏と見るからです。諸仏はこの世でのはたらきが終われば、阿弥陀如来の浄土へお還りになるのです。つまり亡くなった人は、この世でのはたらきを終えて、阿弥陀如来の浄土へ還られたと私たち真宗門徒は受け止めるのです。

もし亡くなった人に対して冥福を祈るとすれば、その人は阿弥陀如来の浄土へ還られたのではなくて、冥途へ行ったと見ることになります。冥途へ行くということは、迷いの六道を輪廻するという意味になります。

つまり亡くなった人を諸仏と拝めない人は、亡くなった人の冥福を祈ることになります。亡くなった人がすこしでも幸せになってほしいと思うのは、人情としてよくわかります。特に人が死ぬときは、たいてい哀れに力なく死んでいくものですから、あの世では幸せになってほしいと思うのは理解できます。

しかし私たちは亡くなった人をどうこうできるわけではありませんし、亡くなった人がどうこうなるわけでもありません。ですから冥福を祈るということは、その冥福を祈る人の側に問題があることになります。

私たち真宗門徒は、亡くなった人から仏の教えをいただきます。私たちは、仏の教えをその人の命をもって、身をもって教えていただいているのです。そのことに私たちが気づいたとき、亡くなった人は諸仏となります。そして諸仏の還るところは阿弥陀如来の浄土です。けっして六道輪廻する迷いの世ではありません。亡くなった人を諸仏とするか、亡者とするかは、ひとえに私たちにかかっているのです。

亡くなった人から仏の教えをいただいた人は、けっして亡くなった人の冥福は祈らないものです。

あとがき

私は昨年古希を迎えました。いままでにそれほど多くの経験をしたわけでもないのでしょう、今年になって初めて経験することがいくつか続いてありました。初めての経験は興味深いものです。話には聞いていても、実際にわが身で受け止めなければわからないことが多いものです。

何年か前から自坊で寺報を出しています。そこに短い法話を載せています。その文章のいくつかをパソコンでプリントアウトして自分で製本して、数冊の本を作りました。法藏館の編集のかたに、「こんなのを作ったのですが」と渡したのが、この本を出版することになったきっかけです。

その中から二十篇を選び、加筆訂正しました。

この本は私にとって初めての本です。いろいろな御縁によって初めてのことを経験しています。まさに万劫の初事そのものです。

いままでに多くの人に出遇いました。それらの人々からさまざまなことを学びました。その学んだことを幸いに文章にする、寺報に書くという機会がありました。四苦八苦して紙面を埋めていたというのが正直な感想ですが、そういうことがなければできなかったことです。自分で書いた文章ですが、考えてみれば自分が発明、発見したものではなく、すべていままでに出遇った多くの人々から学んだことの受け売りに過ぎません。「どこかで見たような」というものが多いかとは思いますが、お読みいただけるとうれしく思います。

拙い文章ですが、お読みいただいて何か感じるものがありましたら、このうえない幸せです。

最後になりましたが、出版に際して御尽力いただいた法藏館社長西村明高氏ならびに編集部の満田みすず氏に、心より感謝しています。

二〇一二年五月

中川専精

中川　専精（なかがわ　せんしょう）

1942年、京都市に生まれる。
1966年、大谷大学大学院修士課程修了。
1967年、京都市職員。
1992年、退職。
現在、真宗大谷派専光寺住職。

気軽に読める、5分間法話
何のために法事をするのか

二〇一二年五月三一日　初版第一刷発行
二〇一四年七月二五日　初版第三刷発行

著　者　中川専精
発行者　西村明高
発行所　株式会社　法藏館
京都市下京区正面通烏丸東入
郵便番号　六〇〇-八一五三
電話　〇七五-三四三-〇〇三〇（編集）
〇七五-三四三-五六五六（営業）

装幀者　小林　元
印刷　リコーアート・製本　清水製本所

ISBN 978-4-8318-8711-5 C0015
JASRAC 出1204713-201